AF572266

FREE STYLE SCRAPS 02
PICTOGRAM

Published by BNN, Inc.
11F Shinjuku Square Tower Building
6-22-1 Nishishinjuku Shinjuku-ku
Tokyo 163-1111
Mail: info@bnn.co.jp

Edited & Designed by 4D2A

Illustrated by Hisashi Okawa

Translated by R.I.C. Publication Asia Co., Inc.

ISBN 4-86100-413-6

Printed in Japan by Shinano, Ltd.

FREE STYLE SCRAPS 02 PICTOGRAM　ライセンス契約書

1. ライセンス

1) 株式会社ビー・エヌ・エヌ新社（以下「弊社」という。）は、本製品を購入され、本ライセンス契約書記載の条件に合意されたお客様（以下「ユーザー」という。）に対し、本ソフトウェアを同時に1台のコンピュータ上でのみ使用できる、譲渡不能の非独占的権利を許諾します。

2) ユーザーは、2の「制限事由」に該当する場合を除き、本ソフトウェアに含まれる素材を加工・編集し、もしくは他の素材と組み合わせるなどして、主に以下のデザインに使用することができます。

○WEBなどのデジタルメディア ○店舗の内装、案内表示などのグラフィックツール ○印刷物として頒布するチラシ、フライヤー、ポスター、DM、カタログ、パンフレットなどの広告・販売促進ツール ○個人制作・個人利用の雑貨、服、グリーティングカード、名刺など

（個人的・職業的・商業的用途の利用を認めますが、いずれも非売品のデザインに限ります。個人においても素材を利用した制作物の販売は行えません。また、書籍や雑誌など売品の印刷メディアに素材を利用する場合は、使用の範囲によって別途料金が発生する場合があります。右記連絡先までお問い合わせください。MAIL : info@4d2a.com / TEL : 03-3770-2807 / FAX : 03-3770-2807）

次の制限事由をよくお読み下さい。

2. 制限事由

以下の行為を禁止します。

1) 本ソフトウェアを1台のコンピュータで使用する為のやむを得ぬ場合を除き、本ソフトウェアを複製すること

2) 本ライセンス契約書に基づくライセンスを他に譲渡し、本製品の貸与もしくはその他の方法で本ソフトウェアを他者に使用させること

3) 流通を目的とした商品のデザインに素材を利用すること

4) 著作権者に無断で、書籍や雑誌など売品の印刷メディアに素材を利用すること

5) 素材を利用してポストカード、名刺、雑貨などの制作販売または制作サービスを行うこと

6) 素材を利用してインターネットによるダウンロードサービスを行うこと（グリーティングカード・サービスを含む）

7) 素材をホームページ上で公開する場合に、オリジナルデータがダウンロード可能となる環境を作ること

8) ソフトウェア製品等を製造・販売するために素材を流用すること

9) 素材そのものや素材を用いた制作物について意匠権などの権利を取得すること

10) 素材を公序良俗に反する目的、誹謗・中傷目的で利用すること

3. 著作権、その他の知的財産権

本ソフトウェアおよび素材に関する著作権、その他の知的財産権は、弊社または弊社への供給者の排他的財産として留保されています。素材を利用した制作物においてユーザーの著作権を明示する場合は、素材の著作権「©4D2A+Hisashi Okawa」を併記してください。

4. 責任の制限

弊社および弊社への供給者は、請求原因の如何を問わず、本ソフトウェアの使用または使用の不能および素材の利用から生じるすべての損害や不利益（利益の逸失およびデータの損壊を含む。）につき、一切責任を負わないものとします。

5. 使用許諾の終了

ユーザーが本ライセンス契約書に違反した場合、弊社は、本ライセンス契約書に基づくユーザーのライセンスを終了させることができます。

FREE STYLE SCRAPS 02 PICTOGRAM

License Agreement of the Software

1. License

1) This License Agreement is a legal agreement between you (the "User"), who purchased the product Petit Pattern Book: Flowers & Leaves, and BNN, Inc. ("BNN"), in respect of the attached CD-ROM entitled Petit Pattern Book: Flowers & Leaves ("Software"). The User agrees to be bound by the terms of this License Agreement by installing, copying, or using the Software. BNN grants the User the right to use a copy of the Software on one personal computer for the exclusive use of the User.

2) The User may modify, edit, or combine the materials included in the Software except the cases specified in "2. Limitations"; the User has the right to use the Software principally for design of the following objects.

◯ Digital media including websites.
◯ Graphics for shop interiors, signs, etc.
◯ Leaflets, flyers, posters, direct mail, catalogues, pamphlets, and other tools for advertisement or sales promotion.
◯ Goods, clothes, greeting cards, name cards and other articles for personal production and use.

(The Software may be used for personal, professional, and commercial purposes, provided that the articles produced are not offered for sale. If the software is used to design products for distribution including books and magazines, a copyright fee may occur according to the scale of use. You must contact the copyright holder. MAIL : info@4d2a.com / TEL : 03-3770-2807 / FAX : 03-3770-2807)

Please read the following Limitations carefully.

2. Limitations

The User is not licensed to do any of the following:

1) Copy the Software, unless copying it is unavoidable to enable it to be used on one personal computer.
2) License, or otherwise by any means permit, any other person to use the Software.
3) Use the Software to design of products for distribution.
4) Design of products for distribution including books and magazines.
5) Use the Software for the commercial production of postcards, name cards, or any other articles, or sell any such articles made using the Software.
6) Provide downloading services using the Software (including greeting card services).
7) Create an environment which allows the original data to be downloaded when you show one of the Software patterns on a home page.
8) Use the Software in order to produce any software or other products for sale.
9) Acquire the copyright in any material in the Software or any object you have created using the Software.
10) Use the Software to create obscene, scandalous, abusive or slanderous works.

3. Copyright and other intellectual property

BNN or its suppliers reserves the copyright and other intellectual property rights in the Software. When specifying the User's copyright of a product made using the Software, please also write "©4D2A + Hisashi Okawa".

4. Exclusion of damages

In no event shall BNN be liable for any damages whatsoever (including but not limited to, damages for loss of profit or loss of data) related to the use or inability to use of the Software or use of materials in the Software.

5. Termination of this License Agreement

If the User breaches this License Agreement, BNN has the right to withdraw the User's License granted on the basis hereof.

CD-ROMをご使用になる前に

注意すること

・必ずP.002のライセンス契約書をお読みください。

・Mac OS X (10.4.5)、Adobe Photoshop CS2、Adobe Illustrator CS2、Windows XP Professional SP1で動作確認済みですが、環境が異なる場合や、操作方法が分からないときは、OSやソフトウェアに則した、お手持ちの説明書をお読みください。

準備

まずはCD-ROMをセットして、「FSS_02」フォルダを開きます。必要なデータをピックアップし、デスクトップにコピーしましょう。「FSS_02」フォルダには「JPEG」と「EPS」という2つのフォルダが入っています。

データの種類

掲載したすべてのイラストレーションは、それぞれJPEGとEPSの2つの形式でファイルを用意しています。(データはすべてモノクロになっています。EPSファイルは、Illustratorのバージョン8.0で保存しています。)

JPEG

JPEGファイルとして収録したのは、350dpi(商業印刷に耐え得る解像度)に設定したときに、掲載サイズと等倍の印刷面積を持つビットマップ画像。「Adobe Photoshop」をはじめとするビットマップ系のソフトウェアで編集できるほか、多くのソフトウェアで扱うことが可能です。

EPS

EPSファイルとして収録したのは、拡大縮小を行っても画質が劣化しない、ベクトル画像。ドロー系のソフトウェア「Adobe Illustrator」でファイルを開くと、自由にカスタマイズできます。(ビットマップ系のソフトウェア「Adobe Photoshop」で開くと、「ラスタライズ」という工程を経て、ビットマップイメージに展開します。)

データの見つけ方

JPEGデータはイラストレーション1点につき1ファイルとなっていて、下の図のように、ページごとにナンバリングされています。(たとえば34ページの場合「p034_01.jpg」「p034_02.jpg」「p034_03.jpg」、35ページの場合「p035_01.jpg」「p035_02.jpg」「p035_03.jpg」「p035_04.jpg」「p035_05.jpg」「p035_06.jpg」というファイル名で収録されています。)EPSデータは見開き単位で1ファイルとなっています。(たとえば34ページと35ページの見開きの場合「p034_035.eps」というファイル名で収録されます。)

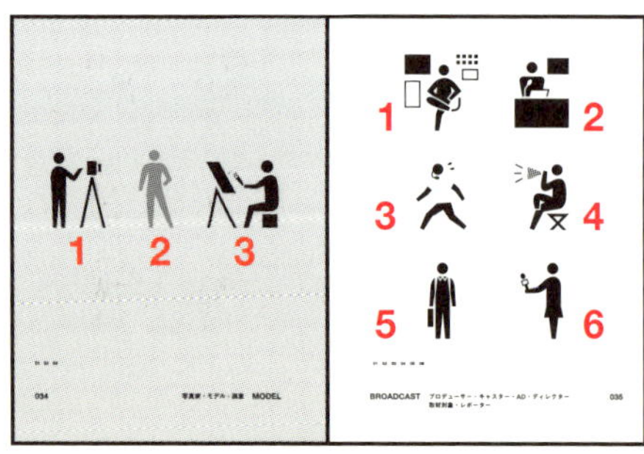

Before you start using the CD-ROM

○ Notes

● Please read the conditions of use on page 002.

● The functionality has been verified with Mac OS X (10.4.5), Adobe Photoshop CS2, Adobe Illustrator CS2, and Windows XP Professional SP1. If your system is different, or if you have a question concerning the operation of the software, refer to the manuals corresponding to your OS and software.

○ Preparation

Set the CD-ROM and open the folder "FSS_02". Copy the folders you need onto your desktop. There are two folders in "FSS_02": "JPEG" and "EPS".

○ Different kinds of data

All the illustration in the book are prepared in the following two formats:
(EPS files are saved with Illustrator 8.0.)

※ In the JPEG file, you will find bitmap images which are printed on the same size as shown in the book at 350 dpi (the resolution suitable for commercial printing). You can edit them with Adobe Photoshop and other bitmap software, and you can use it with many other types of software.

※ In the EPS file, you will find vector images, which do not deteriorate when you increase or reduce the size. Open the file with Adobe Illustrator or other drawing software, and you will be able to customize the images freely. (When you open the file with bitmap software such as Adobe Photoshop, the image will be developed as a bitmap image after the process called rasterizing).

○ How to find the data

As for the JPEG data, there is a separate file for each illustration. The illustrations in each page are numbered from top left as shown below. For example, the illustrations on page 34 are named "p034_01.jpg", "p034_02.jpg", "p034_03.jpg"; as for page 35, "p035_01.jpg", "p035_02.jpg", "p035_03.jpg", "p035_04.jpg", "p035_05.jpg", "p035_06.jpg".
As for the EPS data, there is a file for two facing pages. For example, all the illustrations on pages 34 and 35 are found in the file "p034_035.eps".

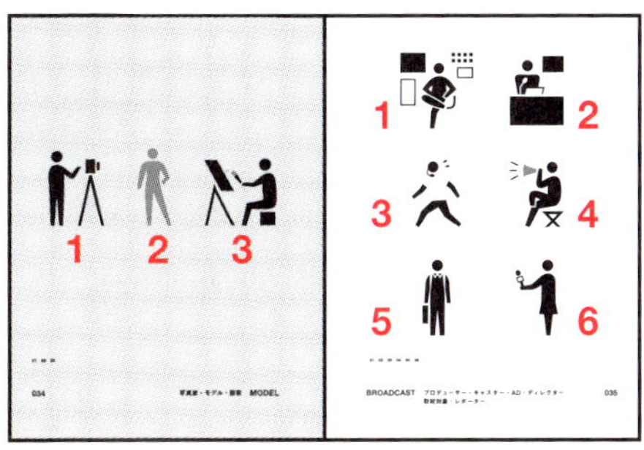

EXAMPLE

いつでもどこでもデザインやレイアウトがしたい。
これは、そんなあなたのための素材集です。プレゼンテーションやウェブ制作の現場、ビジネス、また生活のさまざまな場面で役立つよう、幅広いテーマから素材を選び、それぞれ1000点以上のイラストレーションを収録しています。また、誰でも簡単に利用できるよう、掲載したイラストレーションのすべてを、付属するCD-ROMに汎用性の高いJPEG形式と、Adobe Illustratorのベジェデータとして扱えるEPS形式で収録しています。

「フライヤー」コート紙に4色印刷。オンラインのフライヤー印刷業者に委託しました。「Tシャツ」黒無地のコットンTシャツに、宇宙飛行士の箔プリント。箔の光沢がバックの星々を表現しています。

“T shirts” can be foil-printed on a plain cotton T shirt. “Flyers” can be printed in four colours on coated paper. “Key holders” can be ordered from specialized manufacturers.

This book is for you who wants to design anytime, anywhere.
It provides efficient, simple, versatile and accessible design materials for you. The materials are categorized by wide range of subjects suitable for multiple-purposes such as presentations, website designs, hobbies etc. There are more than 1000 illustrations per subject. Moreover all the illustrations included can be used as JPEG files or EPS files with bezier curves for Adobe Illustrator in the CD-ROM.

「キーホルダー」専門業者に制作委託。10個から制作可能。「CD」小ロット対応のCDプレス業者に委託。※作例はすべてオンライン入稿。ネットで検索した業者によって1週間程度で制作。

"CD" to be ordered from CD pressing manufacturers. *We placed the orders of all the examples above to manufacturers which we found on the internet. We received the goods a week later.

FREE STYLE SCRAPS 02
PICTOGRAM

01　02　03

01 02 03 04 05 06

01 02 03 04 05 06

01　02

01　02

01 02 03 04 05 06

01 02 03 04 05 06

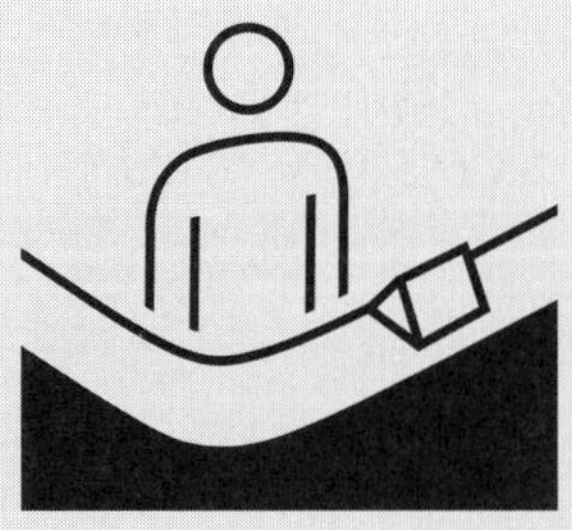

01 02 03 04 05 06

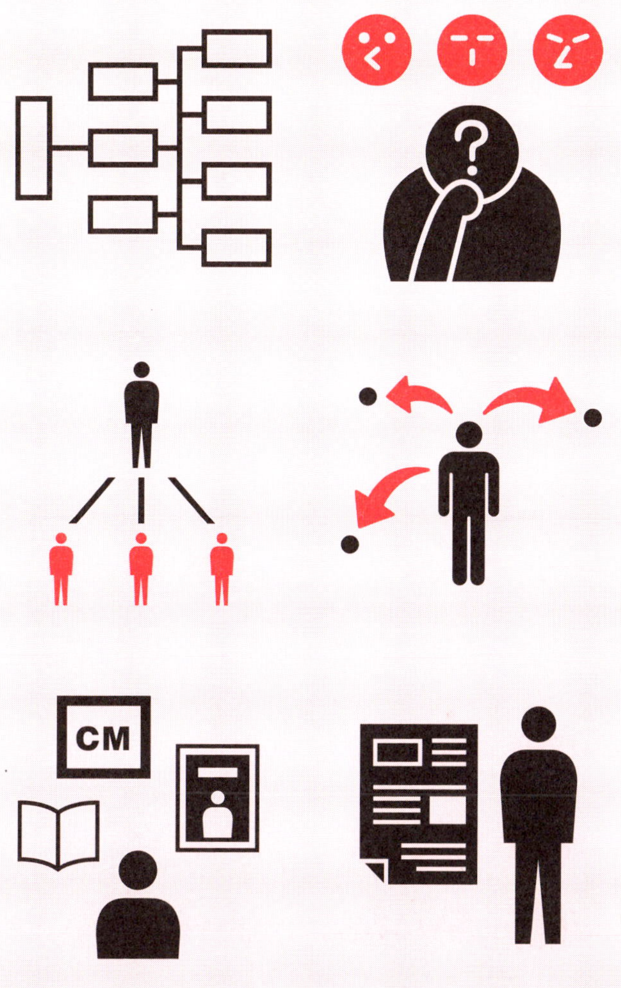

01　02　03　04　05　06

01 02 03 04 05 06

01 02 03 04 05 06

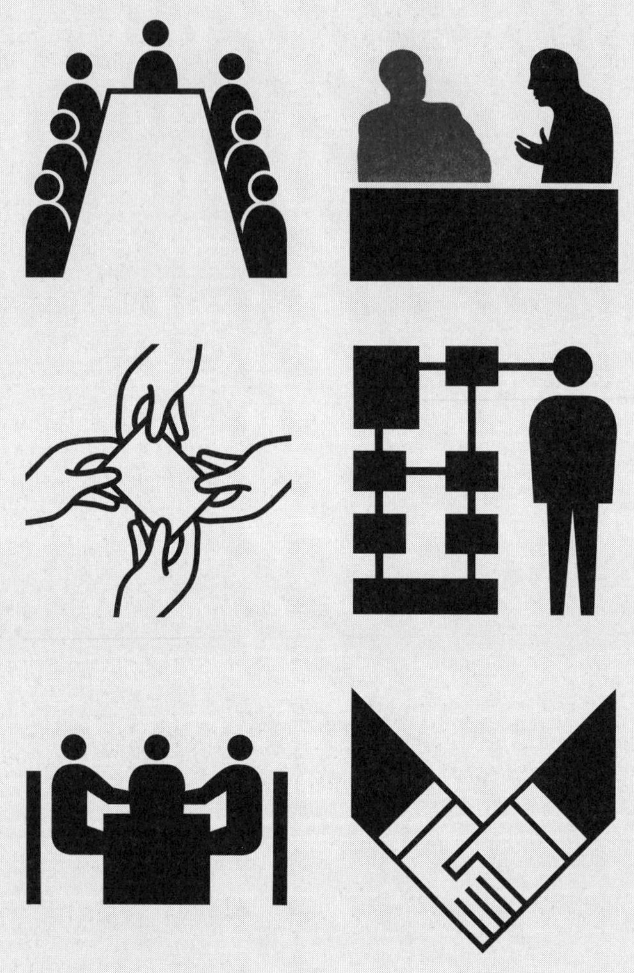

01 02 03 04 05 06

01　02

01 02 03 04 05 06

01 02 03 04 05 06

01 02 03 04 05 06

01

ROOKIE 新入社員

01 02 03 04 05 06 07 08 09

01 02 03 04 05 06 07 08 09

01 02 03 04 05 06 07 08 09

履歴書・領収書・請求書・転職・電話・内線
リストラ・退職・辞表

BUSSINESS

01 02 03 04 05 06

01 02 03 04

01

BUSY　バイト（いそがしい！）

01 02 03

01 02 03 04 05 06

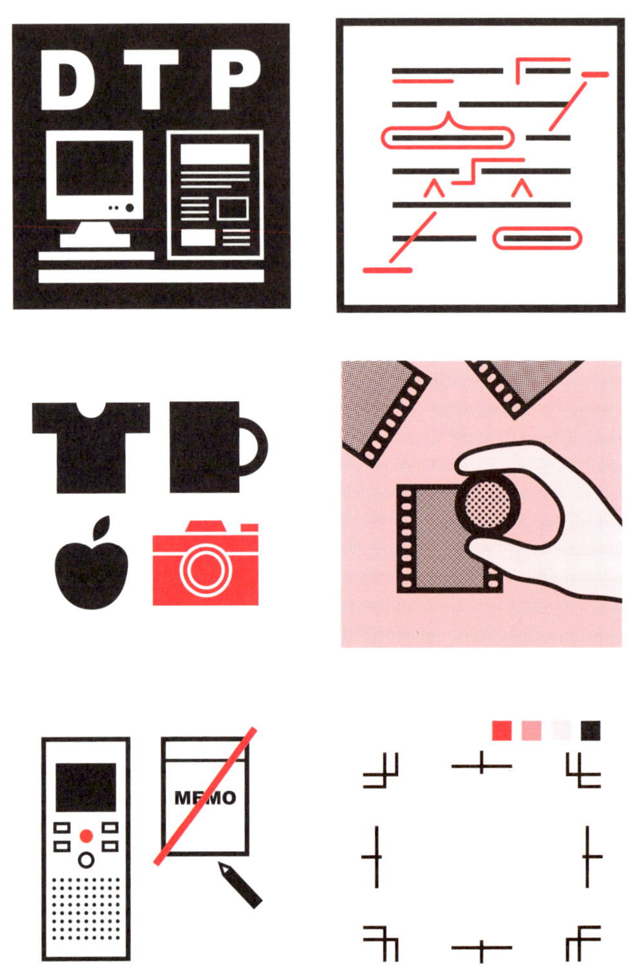

01 02 03 04 05 06

01 02 03 04 05 06

PUBLISH 郊外から通勤・出版社・深夜の帰社・漫画家・発想・下書き

01 02 03 04 05 06

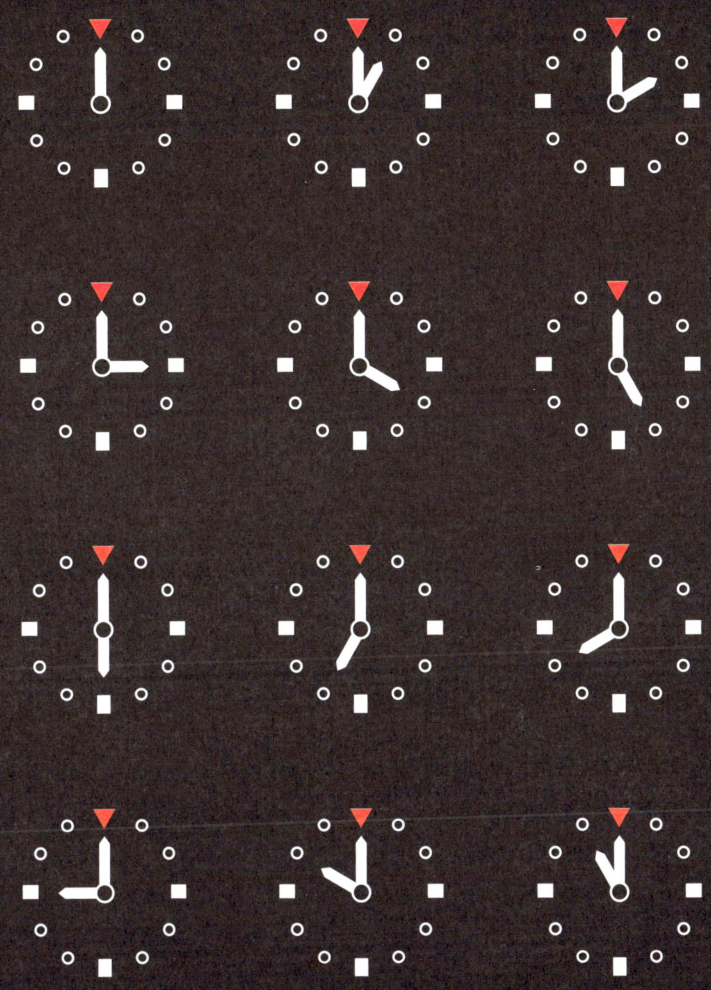

01 02 03 04 05 06 07 08 09 10 11 12

01 02 03 04 05 06 07 08 09 10 11 12

01 02 03 04 05 06 07 08 09

OA 複合機・タイプライター・プリンター・OA機器
シュレッダー・電話機・ファックス

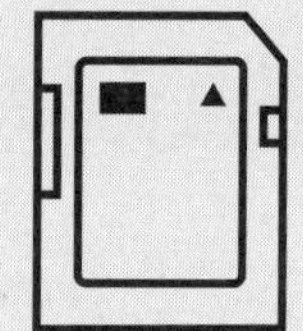

01 02 03 04 05 06 07 08 09

01 02 03 04 05 06 07 08 09

01 02 03 04 05 06 07 08 09

01 02 03 04 05 06 07 08 09

ELECTRICS ケーブル・コピー禁止・USB・コンセント・たこあし
充電・電波・インターネット・光ファイバー

01 02 03 04 05 06 07 08 09

ピン・定規・のり・クリップ・カレンダー
付箋・テープ・コンパス

STATIONERY

01 02 03 04 05 06 07 08 09

01 02 03 04 05 06 07 08 09

ボールペン・えんぴつ・消しゴム・万年筆 **STATIONERY**
シャーペン・はさみ・四色ペン・絵の具・カッター

01 02 03 04 05 06 07 08 09

STATIONERY パンチ・メモパッド・電卓・ホッチキス
メモ・フォルダ・手帖・はんこ・バインダー

01 02 03 04 05 06 07 08 09

本・雑誌・地球儀・単語帳・ペーパーナイフ
ペーパーウェイト・名刺ホルダー・ペン立て

STATIONERY

01 02 03 04 05 06 07 08 09

BAG スーツケース・トートバッグ・ランドセル
ビジネスバッグ・ハンドバッグ・コンビニ袋・工具入れ

01 02 03 04

 携帯・ヘッドセット・車内での通話はご遠慮ください **MOBILE**

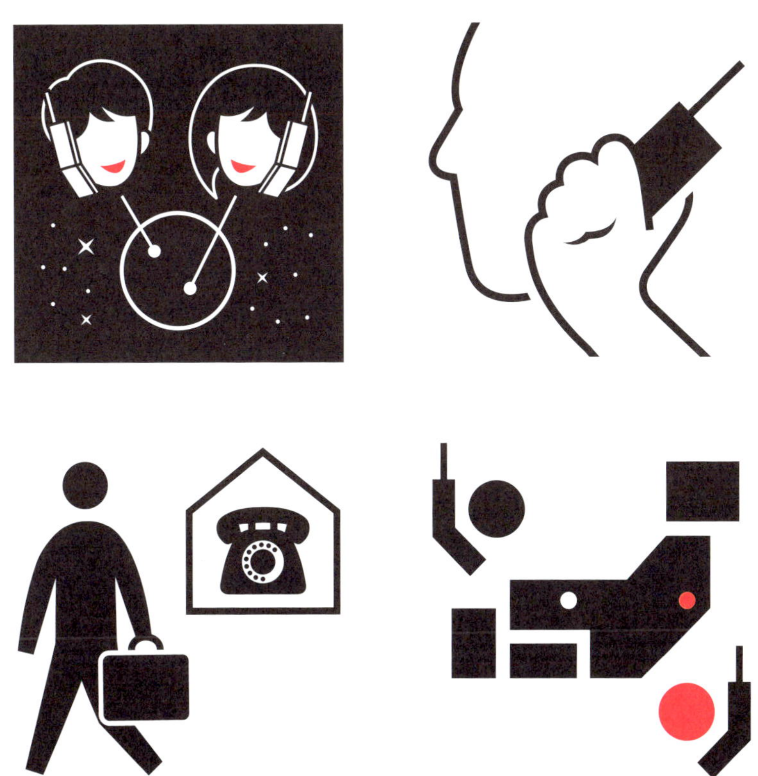

01　02　03　04

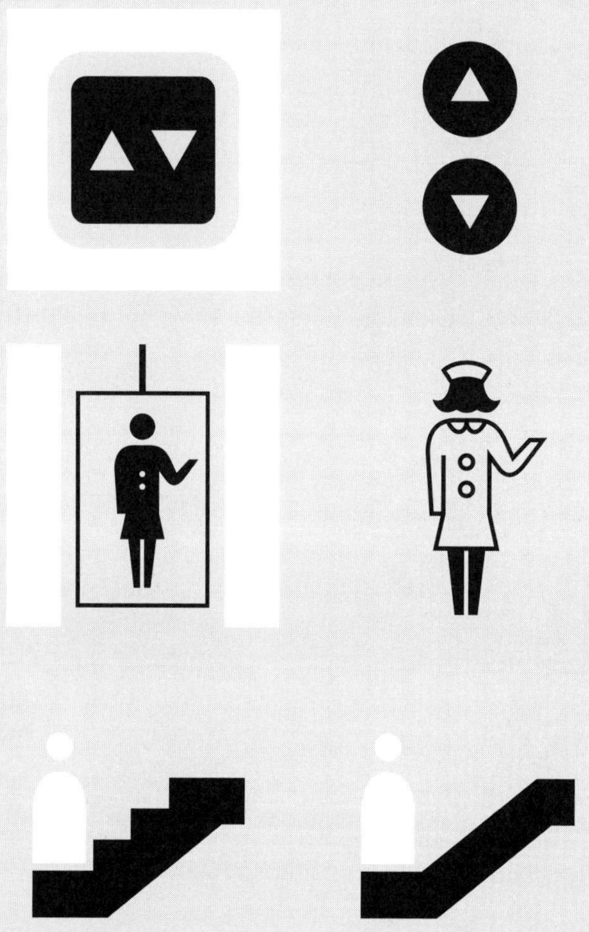

01 02 03 04 05 06

01 02 03 04 05 06

01 02 03 04 05 06

01 02 03 04 05 06

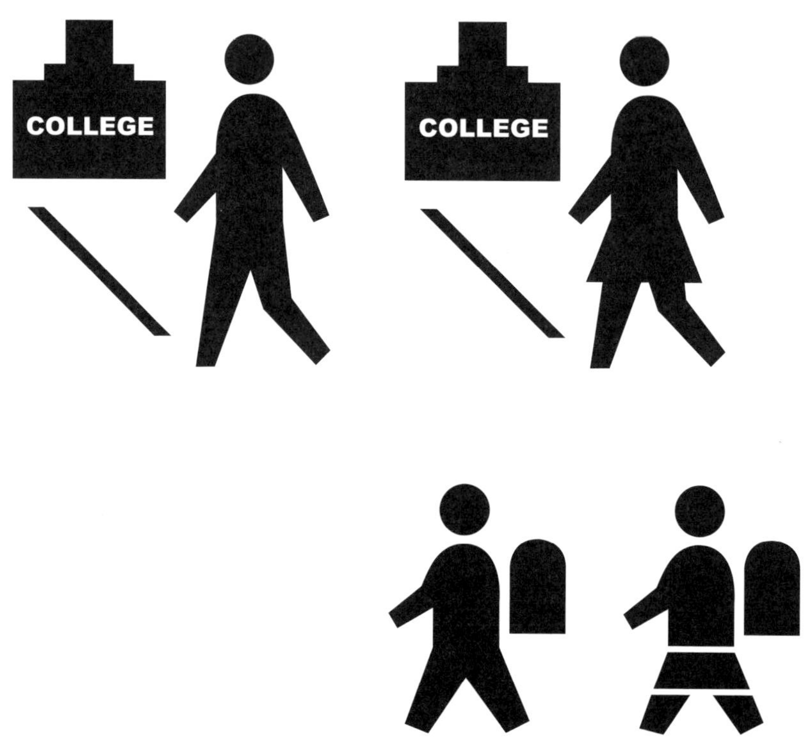

01 02 03 04

01　02

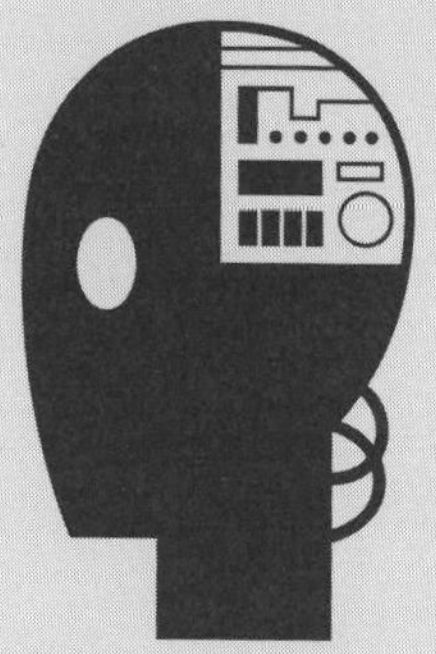

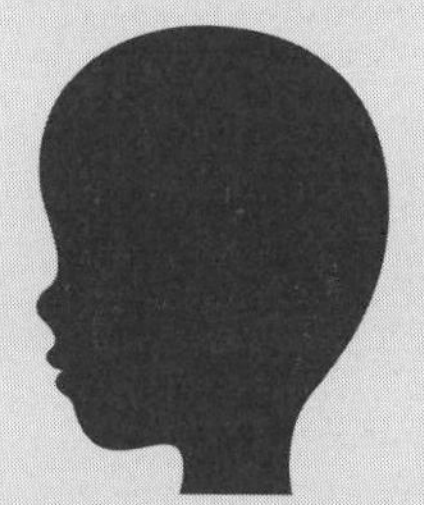

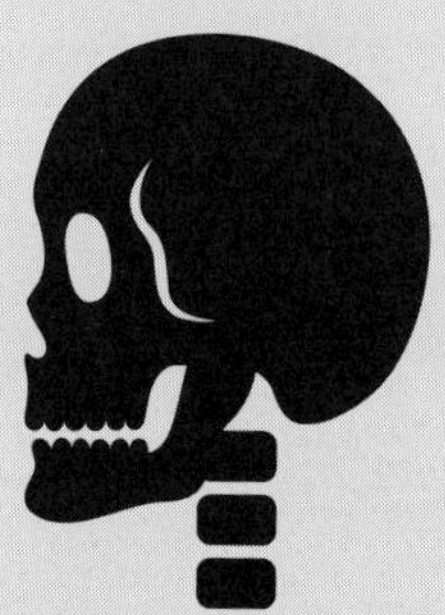

01 02 03 04

01 02 03 04

01 02 03 04

01　02　03　04　05　06

01 02 03 04 05 06

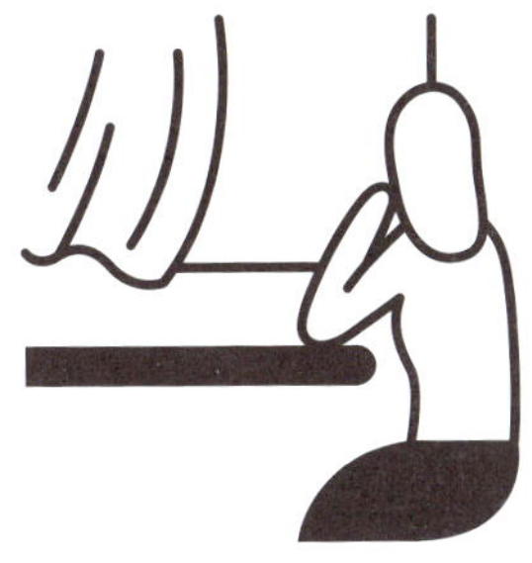

01　02　03　04　05　06

01 02 03 04 05 06

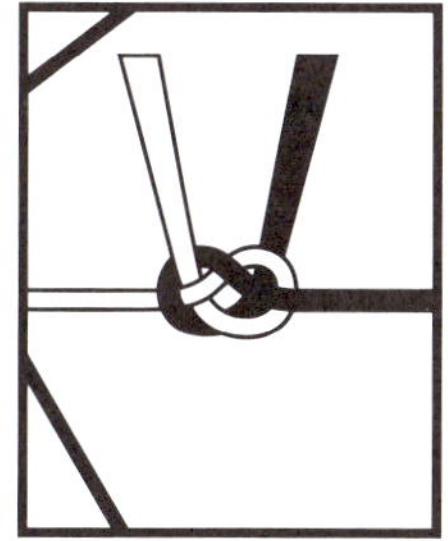

01　02　03　04　05　06

CEREMONIAL OCCASIONS　結婚指輪・祝儀袋・花束・香典袋
御霊前・お墓

01　02

01　02　03　04　05　06

BABY　がらがら・ベビーベッド・ベビーメリー・ほ乳瓶
赤ちゃんが乗っています・乳母車

01 02 03 04

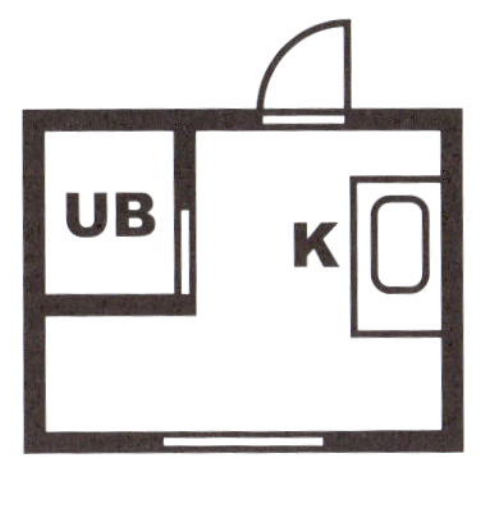

01　02　03　04　05　06

01 02 03 04 05 06

換気扇・電気ポット・ごはん・炊飯ジャー
みそ汁・電子レンジ

01　02　03　04　05　06

01 02 03 04 05 06

IHクッカー・コンロ・コタツで団らん
夫婦の会話・夕食・おふくろの味

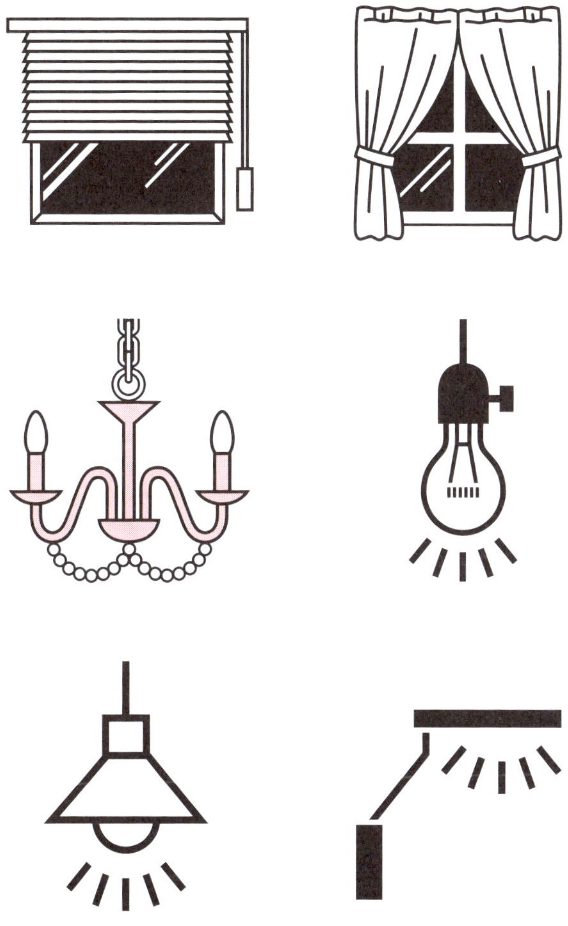

01　02　03　04　05　06

01 02 03 04 05 06

01 02 03 04 05 06

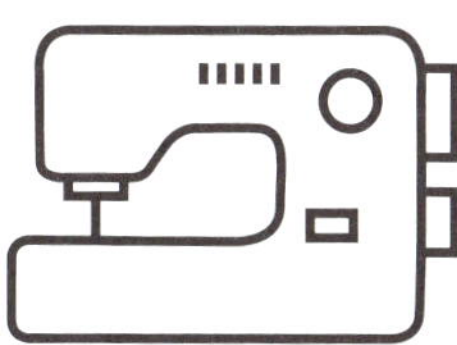

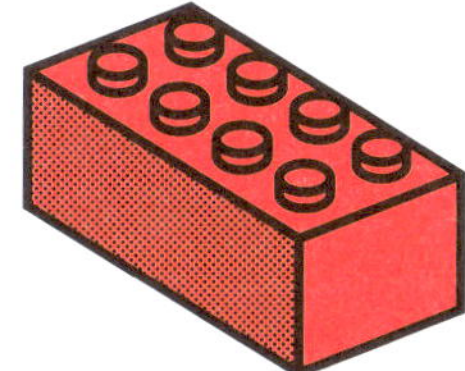

01　02　03　04　05　06

01 02 03 04 05 06

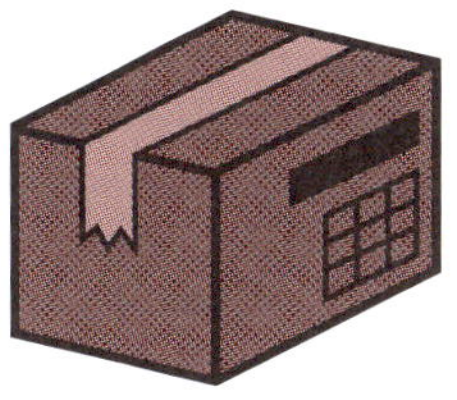

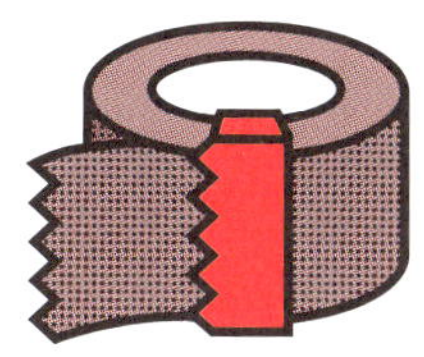

01　02　03　04　05　06

01 02 03 04 05 06

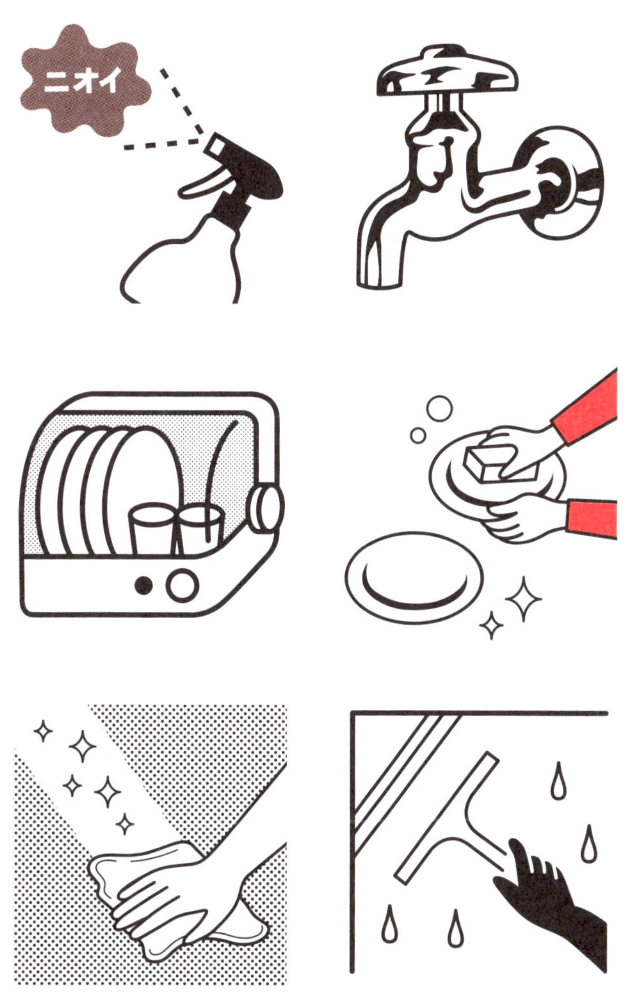

01　02　03　04　05　06

01

01 02 03 04 05 06

TOOL クランクレンチ・レンチ・クランク・ハンマー
のこぎり・チェーンソー

01

086

窓拭き　CLEANING

01　02　03　04

01 02 03 04

01 02 03 04

01 02 03 04 05

TAXI

01 02 03 04 05 06

01 02 03 04 05 06

01 02 03

スチュワーデス・パイロット TRANSFER

01 02 03

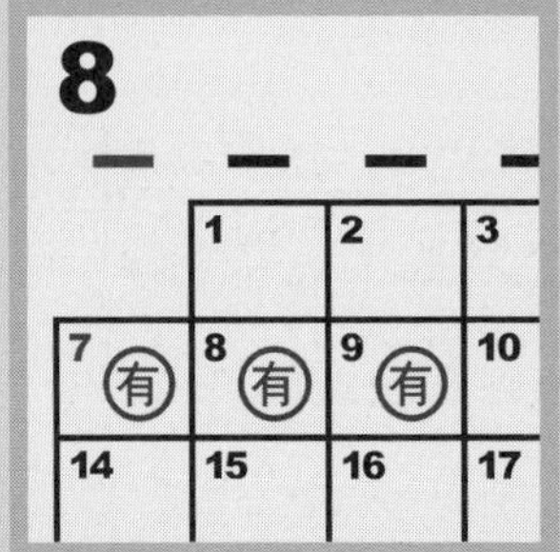

01 02 03 04 05 06

01

01 02 03 04 05 06

01 02 03 04 05 06

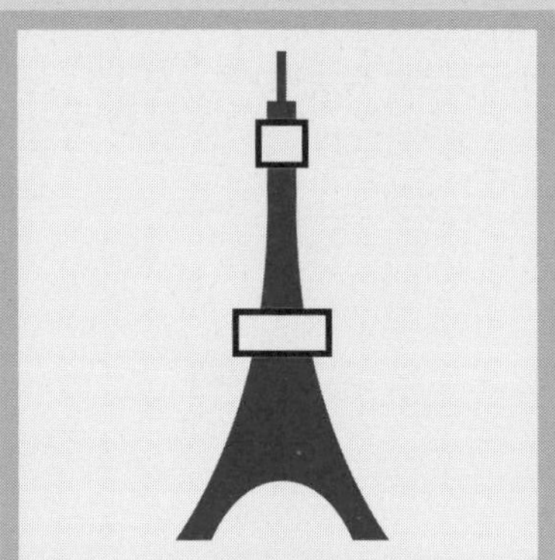

01 02 03 04

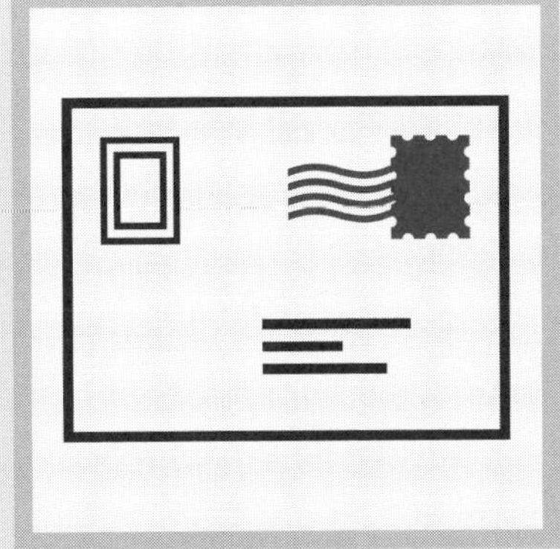

01 02 03 04

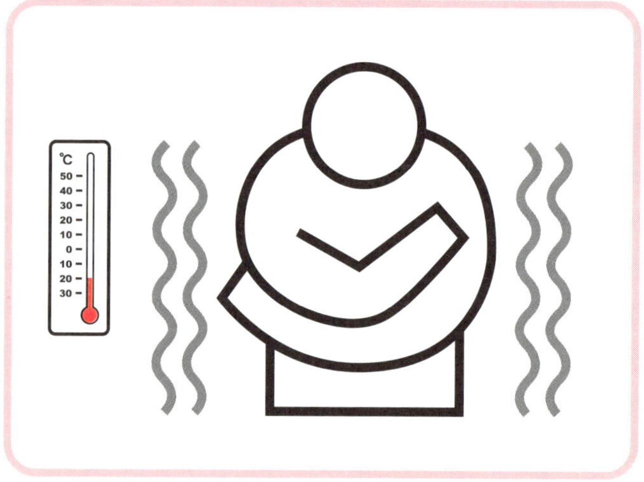

01 02

01 02 03

01　02　03　04

01　02　03　04

01 02 03 04 05 06

01　02　03　04　05　06

01 02 03 04 05 06

01 02 03 04 05 06

01 02 03 04

01 02 03 04

01 02 03 04 05 06 07 08 09

幕の内・からあげくん・おでん・愛妻弁当
キャンディ・ジャム・アイス・肉まん

01　02　03　04　05　06　07　08　09

FOOD　チップス・ソフトクリーム・サンドウィッチ・ガム
寿司・即席麺・クレープ

01　02　03　04　05　06　07　08　09

ファストフード・チョコ・ピザ・タルト・ワッフル
パスタ・ポップコーン・トースト

01

CHEF　シェフ

01 02 03 04 05 06

01　02　03　04　05　06

01 02 03 04 05 06

01 02 03 04 05 06

01 02 03 04 05 06

01 02 03 04 05 06

01 02 03 04

01 02 03 04

01 02 03 04

01　02　03　04

01　02　03　04

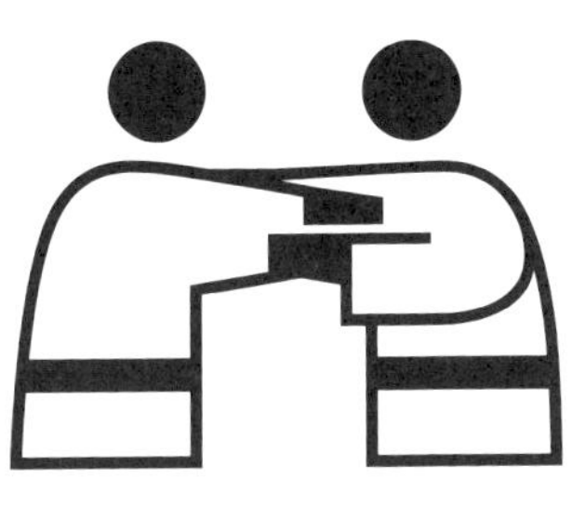

01 02 03 04

01 02 03 04

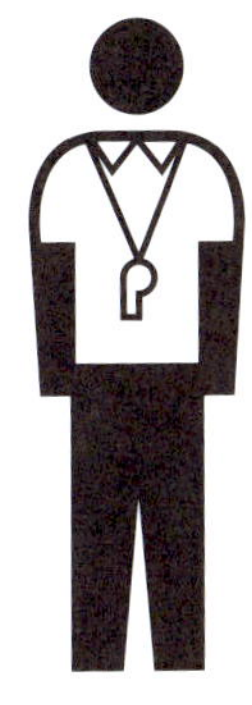

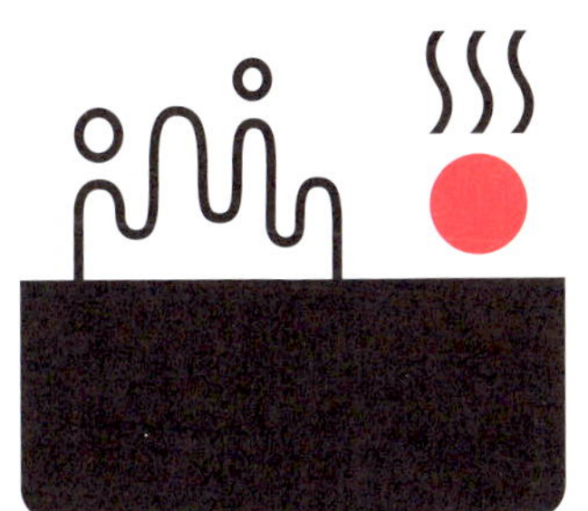

01 02 03 04

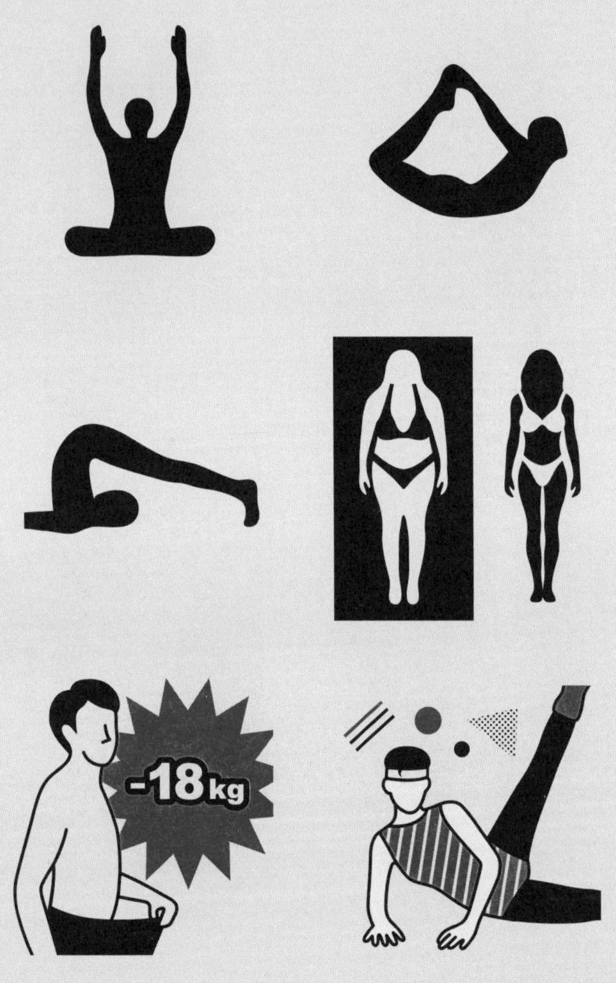

01 02 03 04 05 06

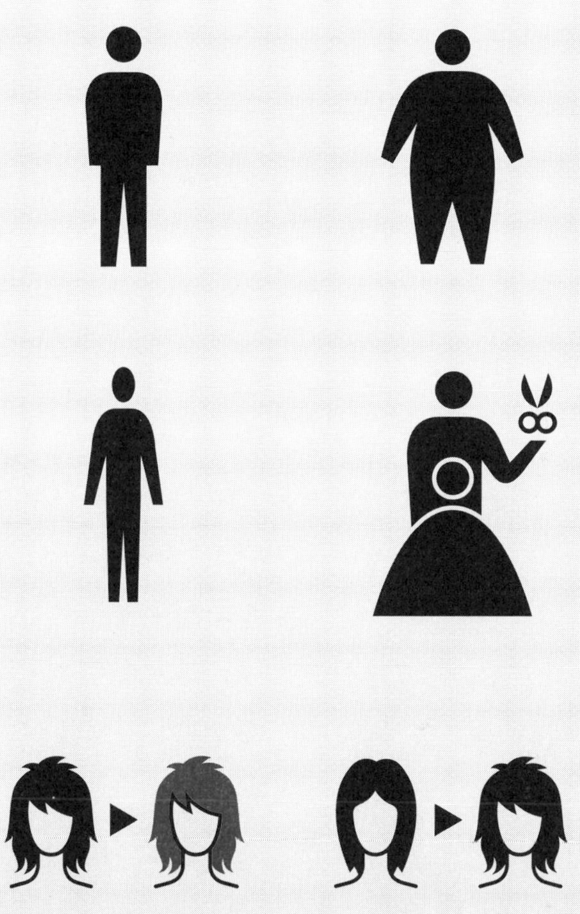

01 02 03 04 05 06

01 02 03 04 05 06

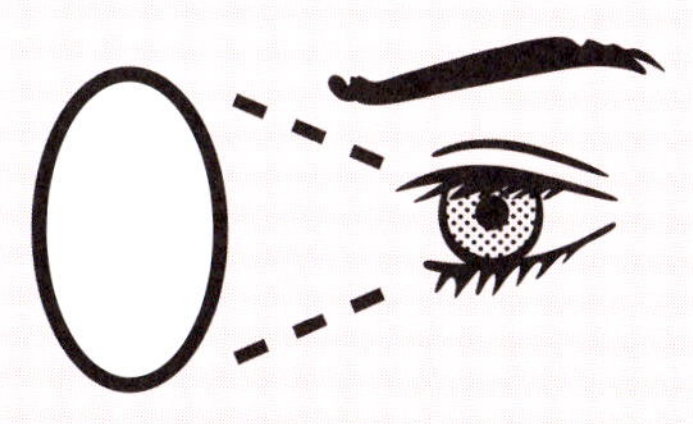

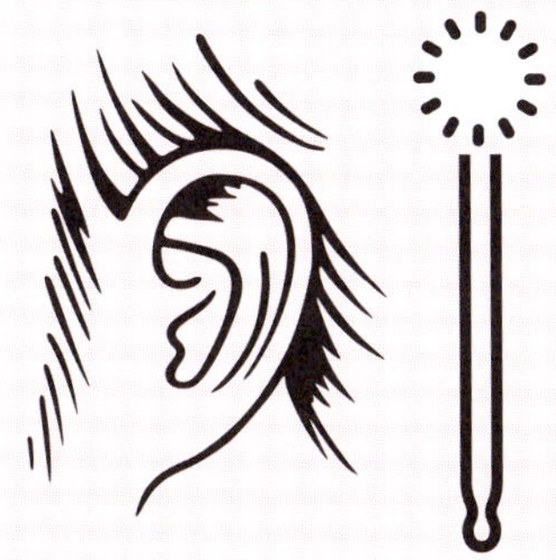

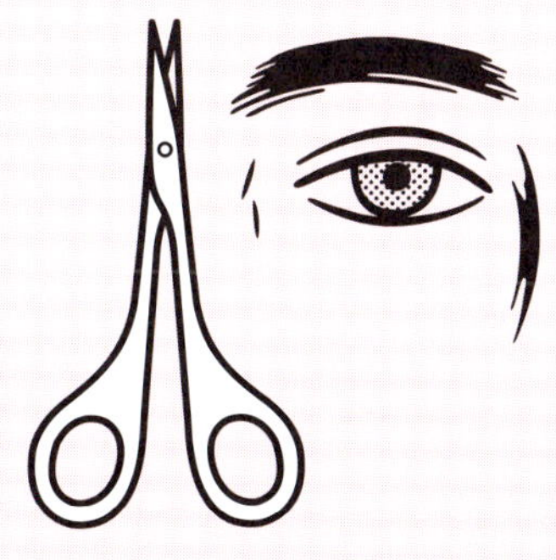

01　02　03

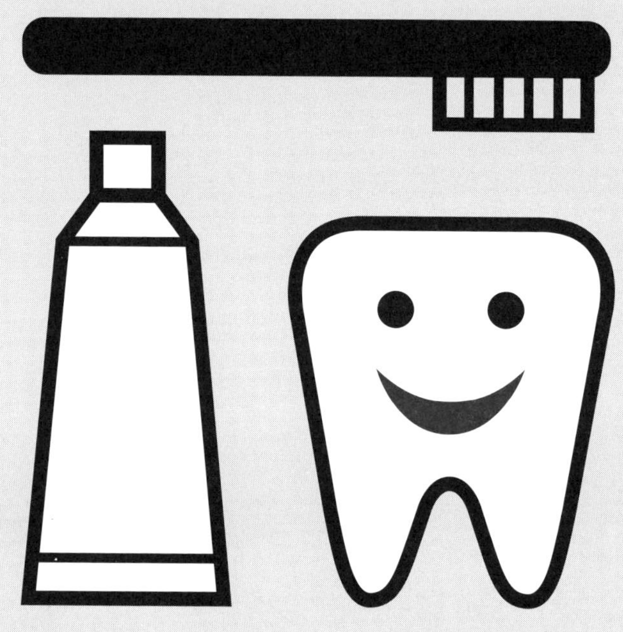

01

01 02 03 04

01 02 03 04 05 06

01

01 02 03 04 05 06

01

PET　金魚に餌やり

01 02 03

動物園（あひる・ライオン・ゴリラ） ZOO

01 02 03 04

01 02 03 04 05 06

01 02 03 04 05 06

PARK デート・糞は持ち帰って・ペット・芝生に入るな
鳥に餌やり・ひなたぼっこ

01 02 03 04 05 06

洋式・和式・トイレットペーパー・立ちション
トイレマーク・公衆トイレ

TOILET

01　02　03　04　05　06

01　02　03　04　05　06

01 02 03 04 05 06

01 02 03 04 05 06

01

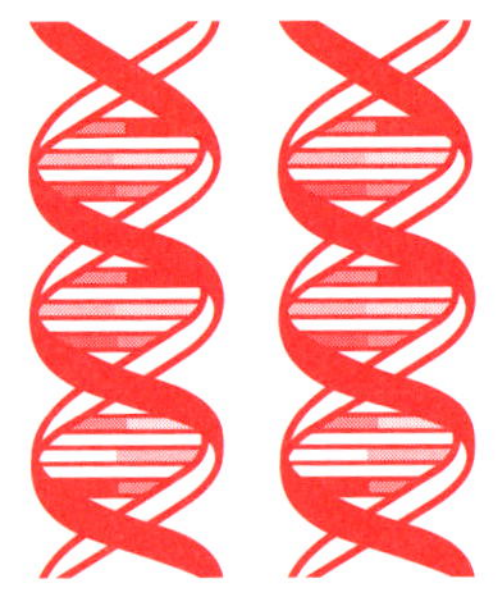

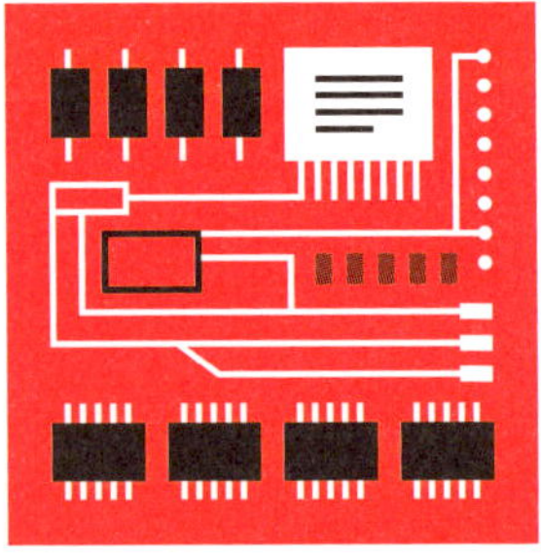

01　02　03　04　05　06

クローン・スーパーコンピューター・DNA・電子
ロボット工学・ユビキタス

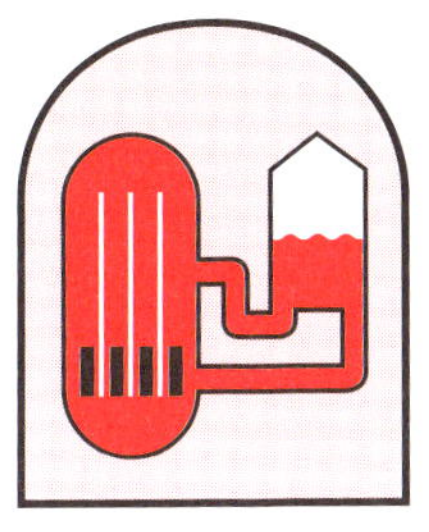

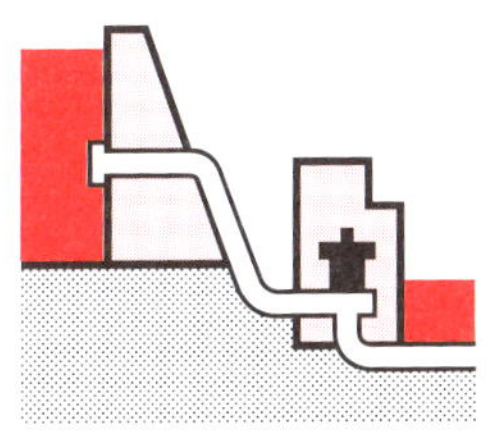

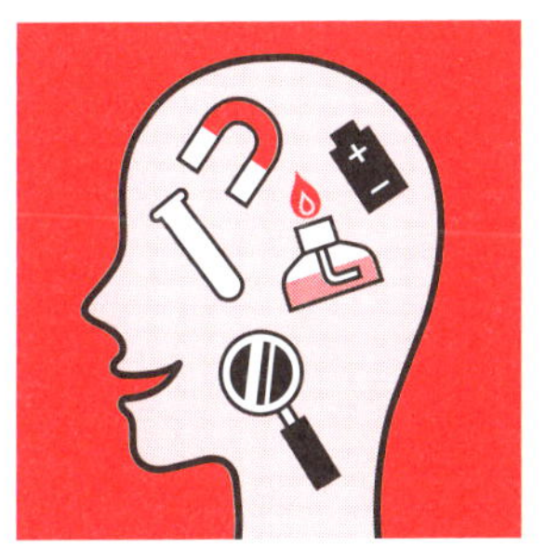

01　02　03　04　05　06

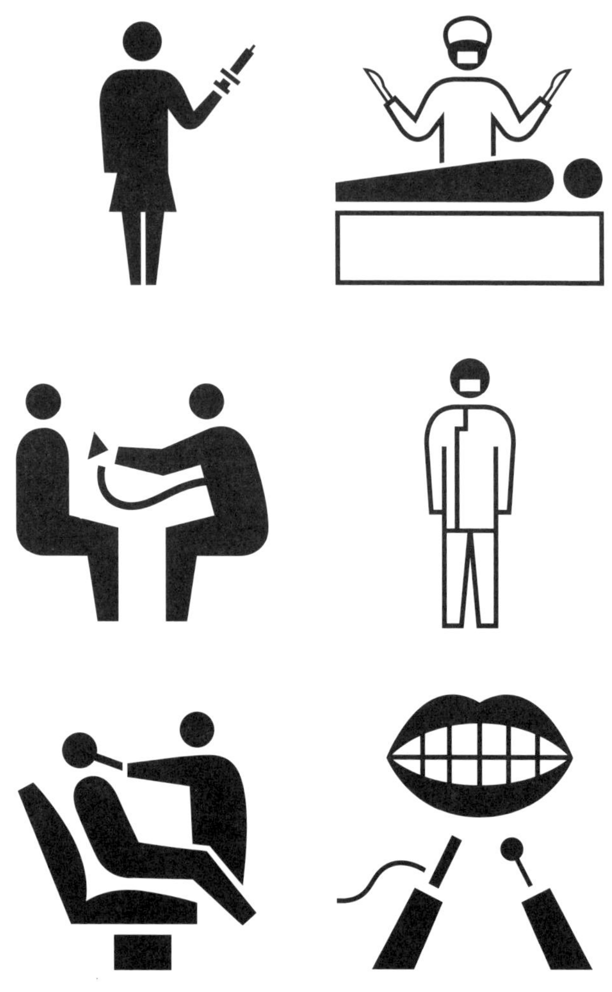

01 02 03 04 05 06

01

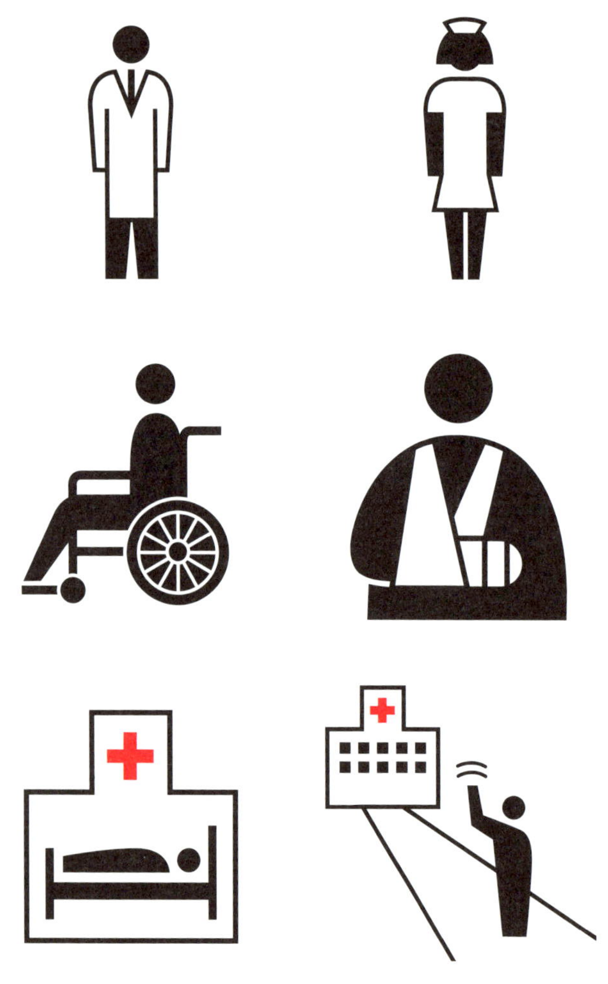

01　02　03　04　05　06

01

FALL 思わぬ落とし穴

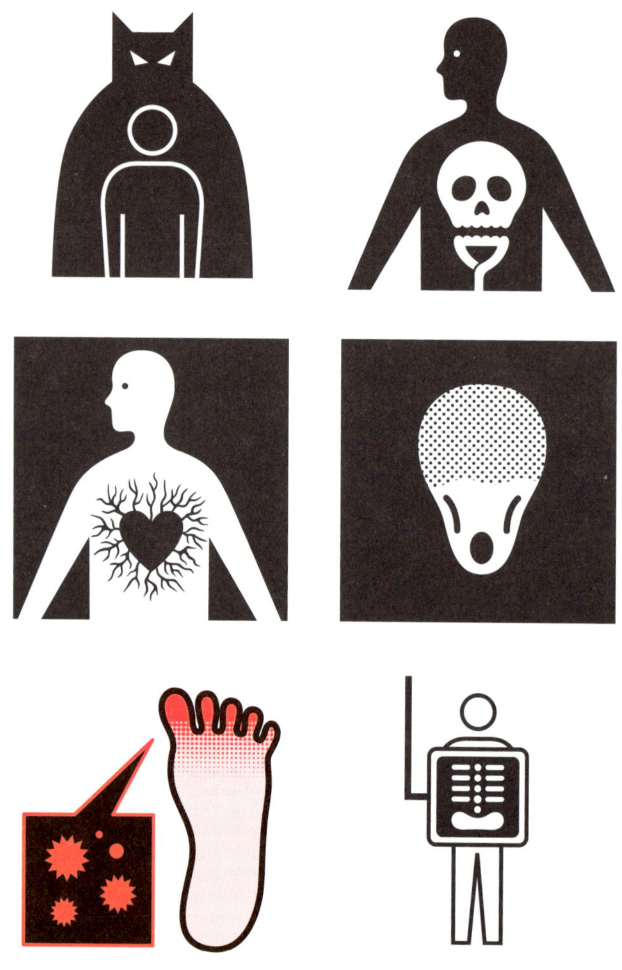

01　02　03　04　05　06

01 02 03 04 05 06

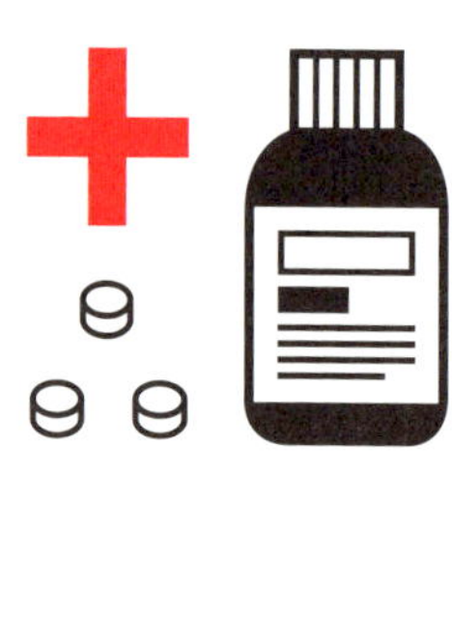

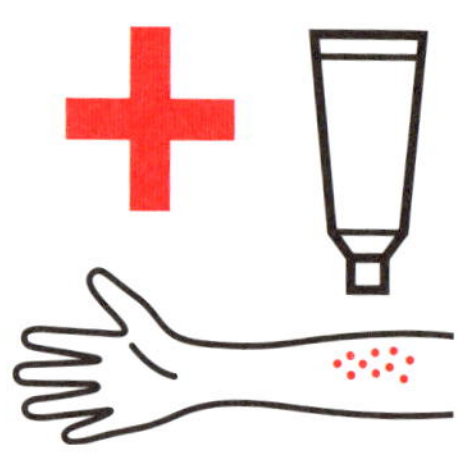

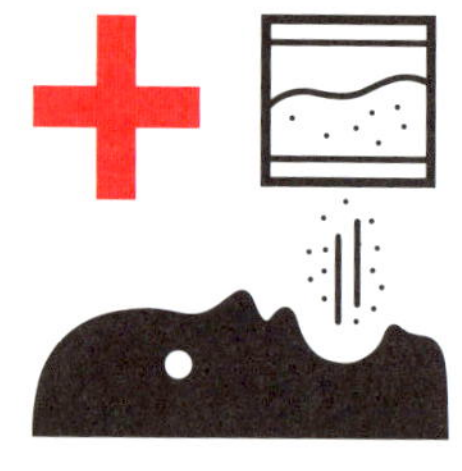

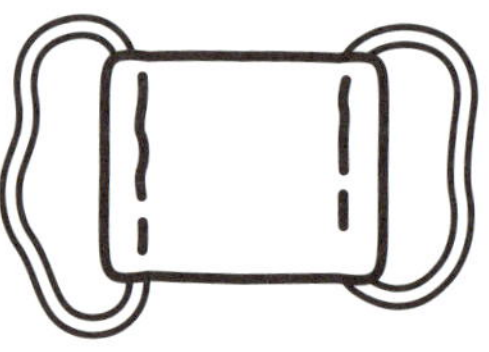

01　02　03　04　05　06

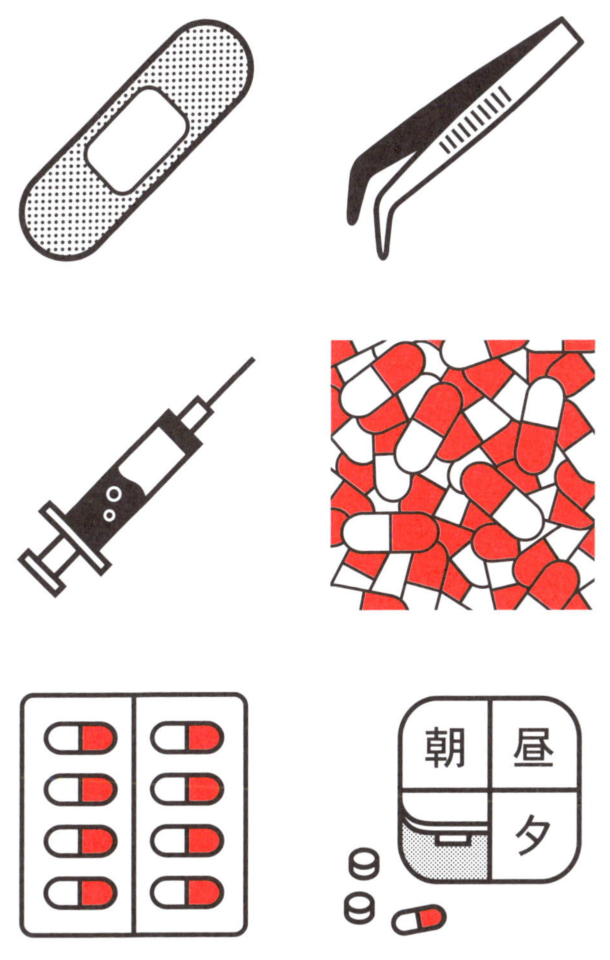

01 02 03 04 05 06

01 02 03 04 05 06

01 02 03 04 05 06

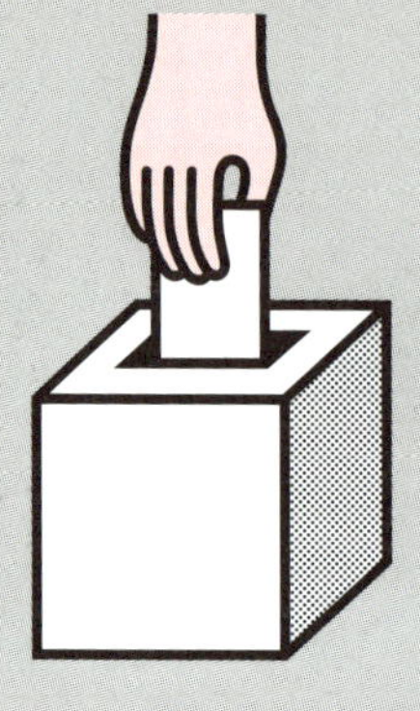

01 02 03 04

01 02 03 04

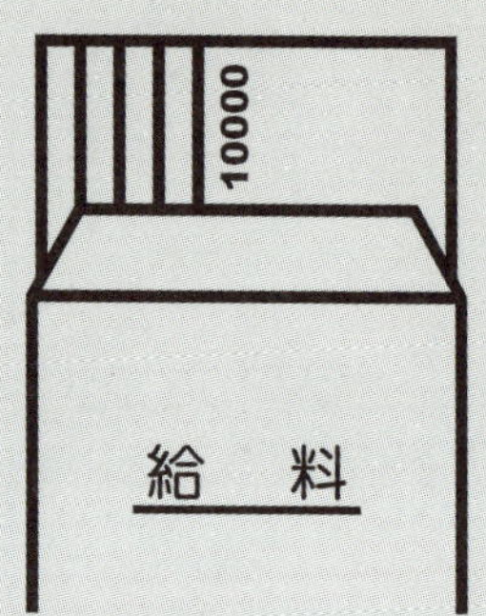

01　02　03　04

01　02　03　04

01　02　03　04

01 02 03 04

01 02 03 04

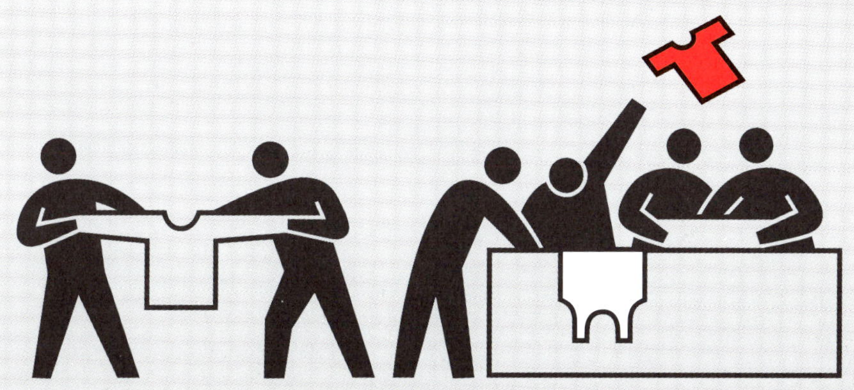

01

01 02 03 04 05 06 07 08 09

01 02 03 04 05 06 07 08 09

WEAR レインコート・マフラー・ジャケット・ローブ・セーター
ポロシャツ・トレンチコート・Tシャツ

01 02 03 04 05 06 07 08 09

コート・古着・シャツ・スーツ・マネキン・上着
開襟シャツ・ジャケット・ブーツ

01 02 03 04 05 06 07 08 09

WEAR 蝶ネクタイ・革靴・ベルト・ソックス・ネクタイ
ローラーブレード・スリッパ・ハンガー・パジャマ

01 02 03 04 05 06 07 08 09

手袋・ハイヒール・リップ・ストッキング・アクセサリー
コンパクト・コサージュ・イヤリング・ポーチ

01　02　03　04　05　06　07　08　09

MAKEUP　ドレス・ピアス・リング・ブラッシング・ダイヤ
花束・マニキュア・香水

01　02　03　04

01　02　03　04

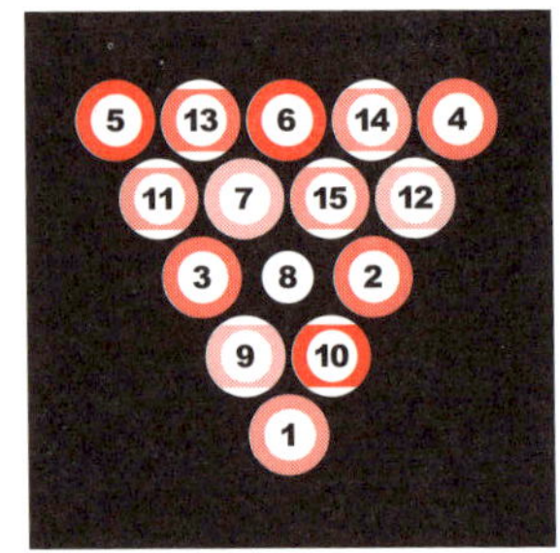

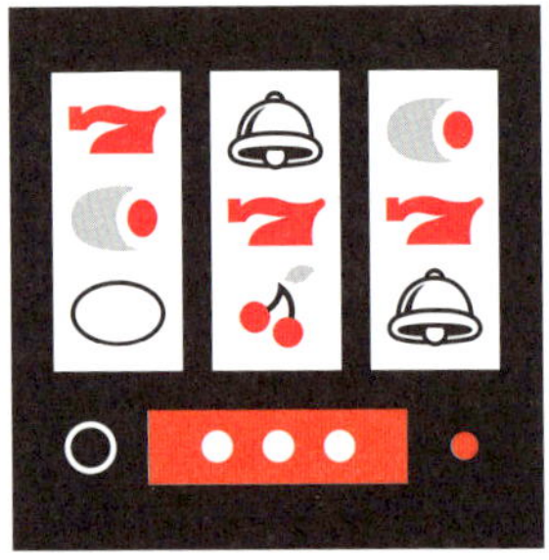

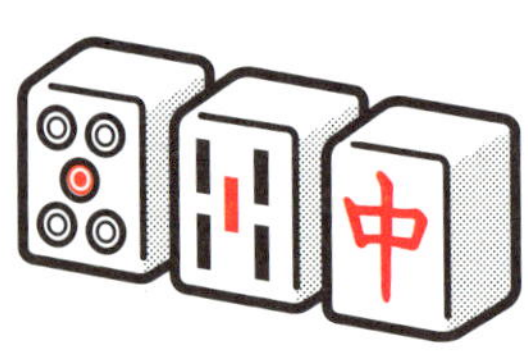

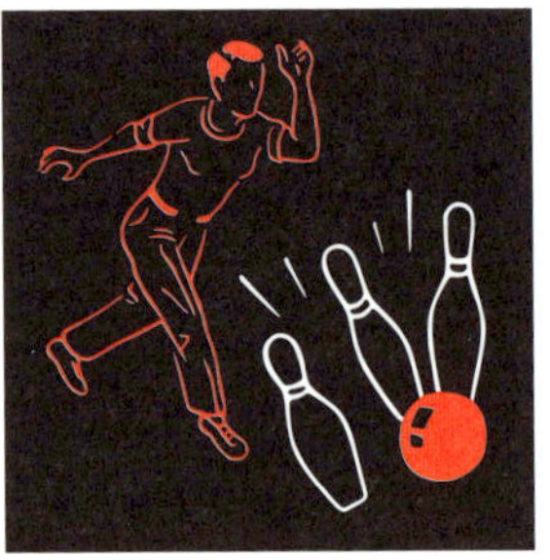

01 02 03 04 05 06

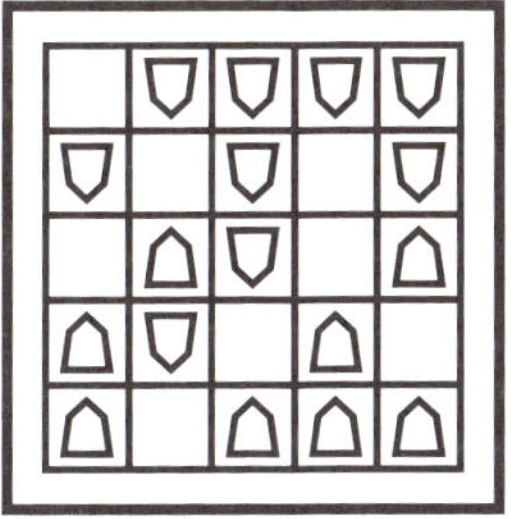

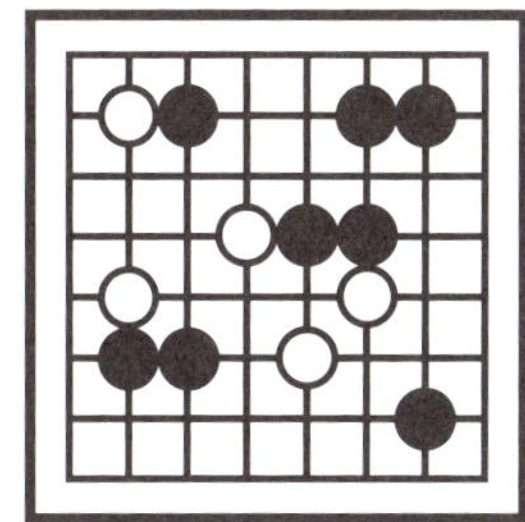

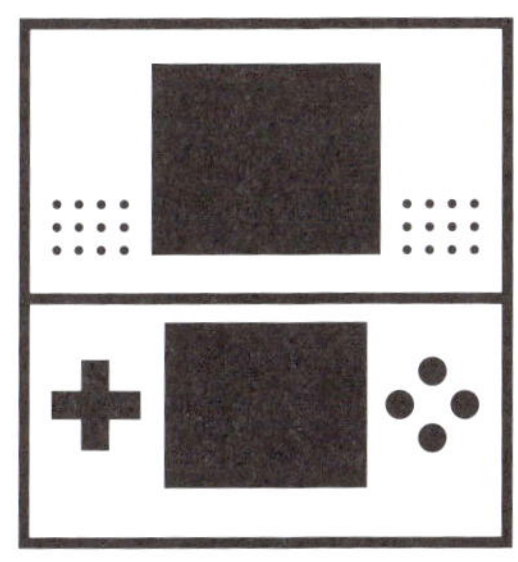

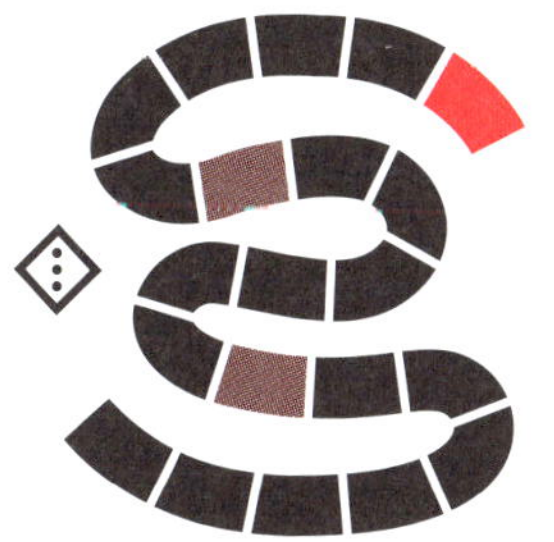

01　02　03　04　05　06

01 02 03 04 05 06

01

01 02 03 04 05 06

01 02 03 04 05 06

01　02　03　04　05　06

01 02 03 04 05 06

PARTY パーティ・立食パーティ・誕生パーティ・プレゼント
仮装・クラッカー

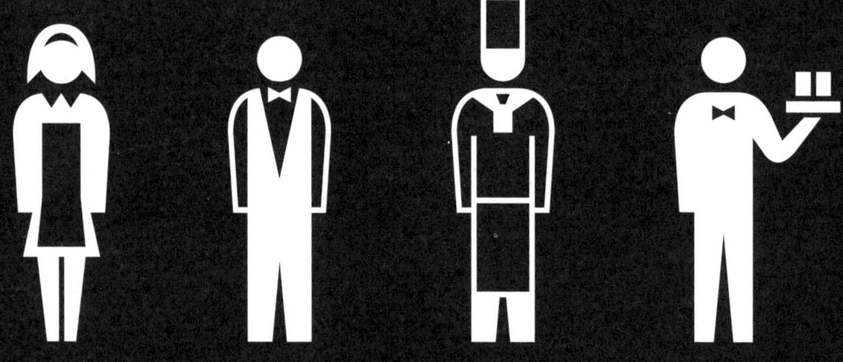

01 02 03 04

01　02　03　04

01

01 02 03 04 05 06

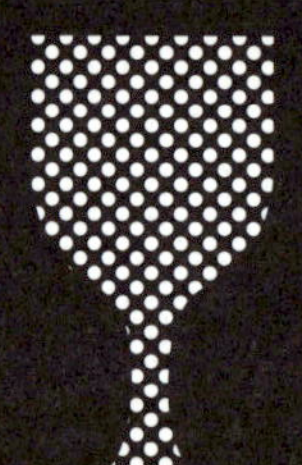

01 02 03 04 05

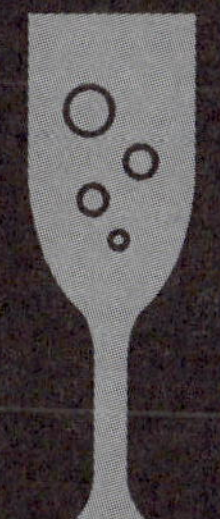

01　02　03　04　05

01 02 03 04 05 06

01 02 03 04 05

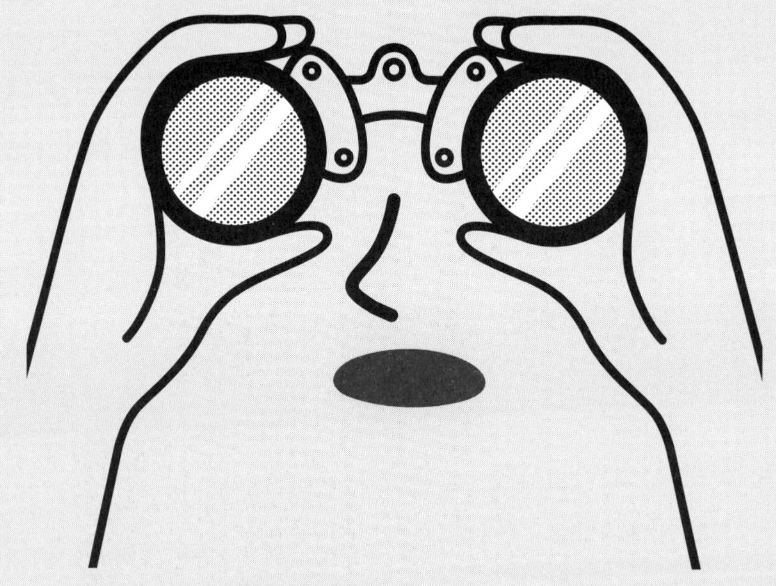

01

のぞき見　PEEPING

01 02 03 04 05 06

01　02

01 02 03 04

01 02 03 04

01

CRIMINAL 痴漢

01 02 03 04

01

01 02 03 04 05

01 02 03 04 05 06 07

DISCO DJ・スピーカー・ターンテーブル・ミキサー・踊る人々

01 02 03 04 05 06

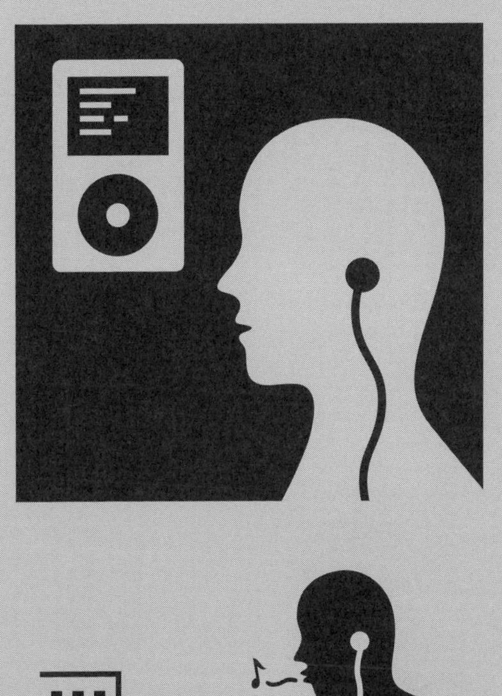

01　02

01 02 03 04

01 02 03 04

01 02 03 04 05 06

01 02 03 04 05 06

01 02 03 04

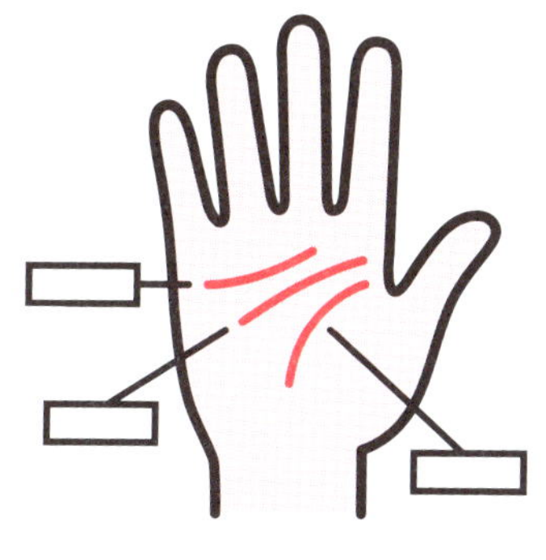

01 02 03 04

01 02 03 04 05 06

カップアイス・わたがし・スナックバー・仁丹
チューブアイス・組み立て飛行機

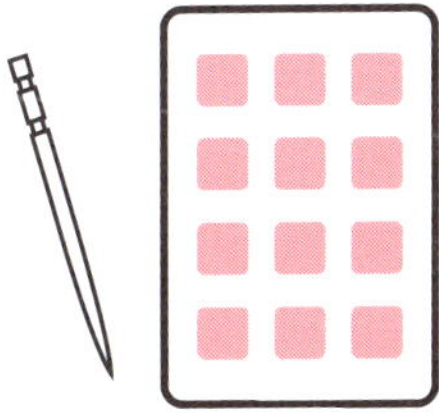

01 02 03 04 05 06

01 02 03 04 05 06

01 02 03 04 05 06

01 02 03 04 05 06

01 02 03 04 05 06

01 02 03 04 05 06

01 02 03 04 05 06

01 02 03 04 05 06

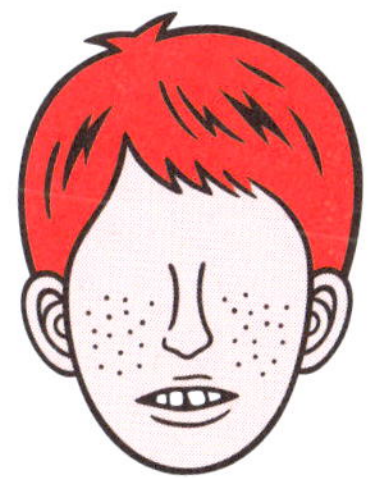

01 02 03 04 05 06

TEEN アイドル・エロ本・レコード・コンドーム・スケボー・ニキビ面

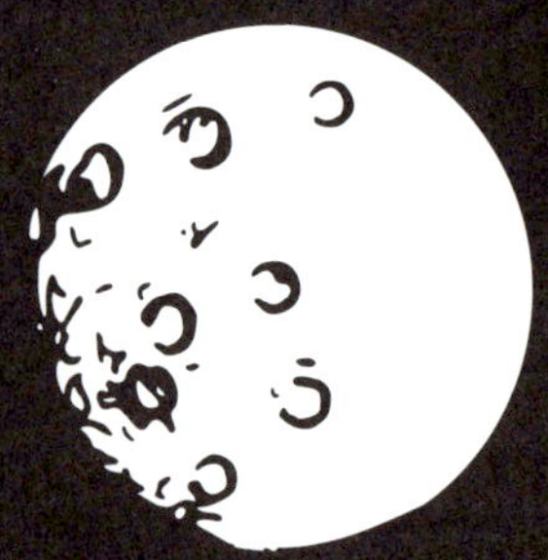

01　02　03　04

01

ASTRONAUT　宇宙飛行士

FREE STYLE SCRAPS 02
PICTOGRAM ピクトグラム

2006年7月25日　初版第1刷発行

編集・デザイン：　4D2A

イラスト：　大川久志

翻訳：　R.I.C.出版株式会社

発行人：　長谷川新多郎
発行所：　株式会社ビー・エヌ・エヌ新社
〒163-1111
東京都新宿区西新宿6-22-1
新宿スクエアタワー11F
Fax：03-3345-1127
Email：info@bnn.co.jp

印刷・製本：　株式会社 シナノ

Printed in Japan
ISBN 4-86100-413-6